# LITTERATEUR

I write, therefore I am

# 目　錄
# Contents

文壇奇女子──張愛玲　　4

一生浮華開場，悄然謝幕　　6

張愛玲筆下的華麗與蒼涼　　9

張愛玲和她的三個男人　　13

張愛玲和她的閨密　　16

跟著張愛玲去旅行

✧　張家大宅　　20
　　──張愛玲出生地
✧　常德公寓 & 千彩書坊　　21
　　──張愛玲故居
✧　美麗園　　22
　　──與胡蘭成初次相遇之地
✧　重華公寓　　23
　　──離婚後的住所，完成《色戒》初稿
✧　長江公寓　　24
　　──上海最後的住所，創作《半生緣》

張愛玲作品賞析

✧　1939 年《天才夢》　　26
✧　1943 年《沉香屑・第一爐香》　　28
✧　1943 年《沉香屑・第二爐香》　　30
✧　1943 年《茉莉香片》　　32
✧　1943 年《傾城之戀》　　34
✧　1943 年《金鎖記》　　36
✧　1943 年《心經》　　38
✧　1943 年《封鎖》　　40
✧　1944 年《紅玫瑰與白玫瑰》　　42
✧　1954 年《秧歌》　　44
✧　1954 年《赤地之戀》　　46
✧　1963 年《雷峰塔》　　48
✧　1963 年《易經》　　50
✧　1966 年《怨女》　　52
✧　1968 年《半生緣》　　54
✧　1976 年《小團圓》　　56
✧　1978 年《色戒》　　58
✧　1993 年《對照記》　　60

張愛玲年表　　62

# 張愛玲

*Eileen Chang*

「生命是一襲華美的袍，爬滿了蚤子。」

*1920 年 9 月 30 日〜 1995 年 9 月 8 日*

# 張愛玲

【Eileen Chang】

如果你認識從前的我，
那麼你就會原諒現在的我。

——《傾城之戀》

## 作 家 檔 案

張愛玲，本名張煐，出生於沒落的貴族家庭，從小擁有驚人的文學天賦，七歲寫作，二十多歲成名，以洞悉人性的文筆為人稱道，在華人文壇中奠定了無可撼動的地位。她擅長用華麗惆悵的筆觸，細膩地展現男女情愛糾葛，道出無盡的滄桑落寞，主要作品為《紅玫瑰與白玫瑰》、《傾城之戀》、《半生緣》等。

## 創 作 風 格

張愛玲一生如戲劇般跌宕起伏，原生家庭的不幸和兩段失敗的婚姻造就了她與生俱來的孤傲，也成就了她文字中獨樹一格的華麗蒼涼。她的作品，主要以上海、南京和香港為故事背景，描述曠男怨女在墮落繁華中打轉的情節。其字字句句，細膩又微妙，對於人情世故、男女糾葛的描寫，更無人能出其右，她的文字總有一股徹底透視人心的強大力量，感同身受的同時，也感到淒涼無比。

**趣　聞**　張愛玲不僅擅長寫作，也是位熱愛時尚的時髦女性，八歲時，她已經要梳上海女人最愛的「愛司頭」；十歲時，則嚷著要穿高跟鞋。長大後，張愛玲對服裝更有著自己超凡的審美，以一身「奇裝異服」演繹她的叛逆挑剔，可說是渾身散發著設計師獨一無二的特質。

**生卒年**　1920 年 9 月 30 日生於上海，1995 年 9 月 8 日於美國洛杉磯過世，享年七十五歲，結束傳奇飄泊的一生。

# 一生浮華開場，悄然謝幕

張愛玲，出生於上海貴族的大家庭，家世顯赫，祖父母輩大有來頭，祖父是清末名臣張佩綸，祖母是朝廷重臣李鴻章的長女李菊耦。但她的父親張志沂是個沉淪於新舊社會之間的紈褲子弟，篤守舊風、思想陳腐，更糟的是，他還染上毒癮，全靠祖先留下來的財產養家餬口，終究還是被他敗光。

張愛玲的母親黃逸梵是位行事作風非常西化先進的新時代女性。但她一生卻為了追尋自由，忽略了親生子女，讓張愛玲和弟弟兩人從小感受不到什麼母愛，母親在他們的人生中多半是缺席的角色。雙親天壤之別的思想和家庭背景，更致使他們的家庭走向四分五裂，張愛玲十歲時，父母就因理念和個性不合而離婚了。

## ❧ 從小缺愛，造就冷漠孤絕的個性

離婚後，父親再娶的繼母孫用蕃打從心底討厭張愛玲這對姊弟，時常用各種惡毒的方法對待他們，例如：不許張愛玲買新衣服、因為弟弟拿筷子的方式不正確就賞他巴掌，姊弟倆在這樣的環境下長大，後來更因繼母惡人先告狀，父親竟然將張愛玲囚禁在家中長達半年之久，從那之後，她沒有一刻不想從家這個牢籠裡逃跑。

直到十八歲的那年，張愛玲終於脫逃成功，但想投靠母親的她，終究再次被母親傷害、無從依靠，她曾百感交集地說過：「生在這世上，

沒有一樣感情不是千瘡百孔的。」說的不僅是愛情，也是親情。成長的過程中，張愛玲從父母身上感受到的親情少之又少，潛意識裡累積了大量的負面情緒，因此造成她格外敏感又孤僻的性格。也因從小就不覺得被愛，她內心極度自卑，更潛藏了容易受傷的人格特質。

自幼在家中受盡了各種冷漠和惡意對待，這些經驗令她很早就看清大人的世界和各種殘酷的現實，在她絕望的心境下，默默對世界形成了一種「敵意」，對世界上所發生的事情和每一個人，都不自覺產生了「保持距離，以策安全」的防衛心態。或許她很早就認定，人與人的相處，絲毫避免不了利害衝突，真誠無私的情感，在人生中不可奢求。也因此長大後，張愛玲在男女情愛上始終沒獲得想要的安全感，心靈上更找不到歸屬感和依靠。

## ❤ 上海文壇橫空出世，一舉成名

張愛玲從小在創作領域上就展露不凡，三歲時背誦唐詩，七歲時開始創作小說，九歲時於美術和音樂兩者之間抉擇，十二歲開始在校刊及雜誌上發表自己的作品，精湛的文筆中也透露出她看盡人情冷暖的早熟心態。張愛玲真正的成名之路，始於 1943～1944 年，這兩年期間，她創作發表了多部大受歡迎的作品，如《沉香屑・第一爐香》、《沉香屑・第二爐香》、《茉莉香片》、《傾城之戀》、《紅玫瑰與白玫瑰》等小說，震撼文壇，成為當代最受歡迎的上海女作家。

擅長描寫男女之愛的她，在多部代表作中淋漓盡致展現了她的愛情觀，甚至把自己投射於小說中的角色裡，這些圍繞著男女之情展開的故事，沒有一部不是她自身經驗的延展，更是自我的回顧和剖析。張愛玲的文筆之所以迷人，在於她獨具個人風格的描寫方式。她對現實人性、男女情愛的觀察和體悟細緻入微，總能寫出一針見血、字字揪心的經典名句，彷彿幫讀者說出了心裡的話，引起強烈的共感。

## ❧ 一代才女，鍾情繪畫

多數人只知道張愛玲很擅長寫小說，但她的天賦異秉，不僅限於文字創作上。受到母親的影響，她從小就相當擅長畫畫，極有美術方面的天分。讓人意想不到的是，她人生中的第一筆稿費，並不是靠小說，而是靠畫畫獲得。當時就讀中學的她，畫了張漫畫投稿到《大美晚報》，得到五塊美金的稿費。母親建議她把五塊錢錶框做為紀念，但她卻把錢拿去買口紅，由此可知，張愛玲就和一般少女一樣，愛漂亮、愛打扮，等她出了社會後，對於服裝打扮也非常講究。

張愛玲不曾受過任何專業訓練，完全是靠自學和興趣，將繪畫長才發揮至極。她的畫作主要以女性人物畫為主，線條簡潔卻十分傳神，極有味道。即使後來在文壇有了舉足輕重的地位，仍常常不忘在自己的小說畫上幾幅，如《心經》、《琉璃瓦》、《金鎖記》及《紅玫瑰與白玫瑰》等，裡頭都有她親自畫的插畫，甚至為自己的隨筆散文集《流言》畫過自畫像封面！然而，經歷數十年載，每部作品經過無數次再版後，這些作品中已看不到她的插畫，實在有些可惜，當年她信手拈來的隨筆一畫，都成了稀有的珍藏品。

1955 年後，張愛玲在美國定居，1960 年取得美國公民的身分。她在美國期間，以英文寫過不少部小說，晚年獨居於洛杉磯，深居簡出的生活帶有幾分神祕感。1969 年後，她鑽研於古典小說的研究，對《紅樓夢》有精闢的見解和剖析，著有紅學論集《紅樓夢魘》。1995年 9 月，張愛玲在美國洛杉磯家中過世，享年七十五歲。過世後，她的友人遵循她的遺願，在她生日那天，把她的骨灰撒在寬闊的太平洋上，結束傳奇飄泊的一生。

#  張愛玲筆下的華麗與蒼涼

張愛玲的創作風靡文壇，隨著時間、環境及際遇的變化，她在寫作風格上也有所演變，大約可分為早、中、晚三個時期，但仔細了解作品後不難發現，張愛玲的創作精神和內涵，依然維持一貫的獨具特色——「淒美蒼涼」。她的小說，多半由浪漫、寫實、舊式的表現，進而轉折至現代、內心、情感，這樣的寫作模式亦影響了許多作家的寫作走向，因此，張愛玲的作品深具研究價值，值得一一探討剖析。

## ∞ 早中晚期的風格轉變

創作早期，張愛玲的文筆展現了華麗而蒼涼的面貌，當時的時局處於動盪不安的年代，她創作《流言》時，正值太平洋戰爭爆發，此時期的她擅於安排小說人物的登場方式，並以寫實的情節鋪陳故事，再以精緻華麗的文字點綴、繁複的意象。除了創作令人著迷的情節和人物外，其他的畫龍點睛之處，多半源自於她年幼時期受到中國文學薰陶的影響。

中期的作品，張愛玲的筆調趨向溫柔的面向，也許是經歷了早期的文學歷練，讓她在創作上更能精準地抓到敘事的力道，開始兼具感性與理性，讀者閱讀起來更加輕鬆順暢，有種不偏不倚的感覺，沒有選邊站的咄咄逼人。例如：她在《秧歌》中所闡述的農村生活，即使非常艱苦，但能巧妙地取得平衡點，以極盡平實的筆法來傳達這些現象，文筆平淡自然。

張愛玲晚期的創作風格轉為內斂，在她質樸無華的文筆下，細微地透露了蒼涼的本質。在小說《半生緣》中，她隱隱約約、含蓄地透露出事與願違的人生無奈，小心翼翼地修飾不宜公開渲染的情緒，讓人隨著她的文字，跟她一起感嘆世事無常，滄桑的氣氛縈繞整篇作品。不管是哪個時期，張愛玲的作品都反應出她的心境轉變，而閱讀她作品的讀者們，也都隨之進入她那浩瀚無際的文學思想中。

| 時期 | 風格 | 代表作品 |
|------|------|----------|
| 早期 | 詞藻華麗、營造豐富意象 | 《傳奇》、《流言》 |
| 中期 | 筆調平實、理性感性兼具 | 《秧歌》、《赤地之戀》 |
| 晚期 | 平舖直敘、風格趨近樸實 | 《怨女》、《半生緣》 |

## ⅋ 無可取代的寫作特色

張愛玲從三歲開始就會背誦唐詩，後來更熟悉四書五經、西遊記、紅樓夢等中國文學名著，奠定其文學底子。也因為從小就開始接觸新式教育，張愛玲自幼就習得英文、鋼琴、西畫……等才藝。充滿藝術天分的她，相當擅長繪畫，對色彩有著高敏感度，也有不少作品都是以英文書寫，由此可見，她是受中西文化薰陶的文學家。其作品特色可分為以下幾點：

### ① 透過小說角色，讀者得以窺探女性的內心世界

張愛玲創作的小說，時常以女性為出發點，或是將自身的經歷投射在角色中，希望能透過小說中的角色，傳達出女性的觀點，替自己和

女性發聲，為弱勢留下文字記錄。由於張愛玲出生於父權社會極微偏頗的年代，女性通常無法掙脫困境，她筆下的女性多半都甘心受命運擺佈，或是執著於情感落得蒼涼的人生。也許讀完她的作品會感受到女性的淒涼，但從另一面角度來看，亦能警惕女性要勇敢活出自我，主宰自己的人生。

### ② 營造視覺意象，凸顯小說的氛圍和角色背景

張愛玲非常擅長描述環境、建築物的意象，以文字的力量將讀者迅速推入她的小說世界裡。這種強大的視覺意象營造，與她搬過多次家息息相關，每到一個環境居住，她必定觀察入微，並將此經驗融入小說中。例如：在《沉香屑‧第一爐香》中，她描述梁太太的房子，以綠色營造出詭異不安的感覺，「那巍巍的白房子，蓋著綠色的琉璃瓦，有點像古代的皇陵」。另外，在《傾城之戀》中，她形容白公館的建築滿布塵埃，以此來譬喻其家門沒落。

### ③ 強烈的對比和對照，增加衝突性、加強故事張力

張愛玲的作品在人物安排或是時代背景，都擅長運用鮮明的對比，讓讀者能透過文字感受到強烈的差異。例如：在《紅玫瑰與白玫瑰》中，以紅、白兩種顏色的玫瑰，來形容高尚聖潔、放蕩不羈兩種截然不同的女人；在《金鎖記》中，以曹七巧年輕時活力充沛的模樣，對比老年時的瘋狂病態。

④ **細細琢磨角色的服裝，緊扣個性與身分背景**

　　張愛玲對於時尚、服飾有著自己獨特的見解和品味，她曾說：「對於不會說話的人，衣服是一種言語，隨身帶著的一齣袖珍戲劇。」也因此她對筆下女性角色的服裝總是費心著墨，精準細膩到與角色個性、背景十分吻合，希望讓讀者閱讀小說時，對角色了解更透徹。例如：《傾城之戀》中，白流蘇一襲氣質清新的旗袍裝扮，就襯托這角色獨一無二的美。

⑤ **半遮半掩的典型屏風體，誘發讀者的好奇心**

　　近代的文學家常評論張愛玲的小說愛用「屏風體」，意指她對於小說場景的安排和描寫、人物的設定和刻畫，宛如屏風般鮮明漂亮，但卻有著半遮半掩的神祕感，勾起讀者想要繼續探究下去的好奇心。在《茉莉香片》中運用地最為明顯，小說中比喻聶傳慶與他母親，都像是被繡在屏風上的鳥，一輩子也飛不出來，象徵著張愛玲筆下的人物，總有掙脫不掉的枷鎖，一輩子生活在沒有生命的屏風裡。

⑥ **反高潮的情節安排，增加了故事的真實性**

　　在張愛玲的小說中，結局多半是低調的，不太有強烈反轉或故事高潮。例如：《小艾》裡的主角小艾，歷經被虐待的苦痛後，虐待她的人並未受到懲罰，她最後也沒有苦盡甘來，而是黯淡地過完短暫的一生；《半生緣》中相隔十多年未見面的情人，再次相逢只是無言以對，內心的澎湃激動完全沒有被描述出來，或許這種寫法，會讓讀者有點失落，因為與預期心理有所反差，但這種反高潮的情節，不也增加了故事的真實性，更趨近於你我的真實生活。

# 張愛玲和她的三個男人

　　個性冰雪聰明的張愛玲，感情生活神祕又耐人尋味，一生寂寥的她曾有過三段刻苦銘心的戀愛，但這三個男人卻不曾讓她有過「相濡以沫」的情感，亦無她在《傾城之戀》中提到的「執子之手，與子偕老」。敢愛敢恨的她曾說：「愛就是不問值不值得。」對於愛情，她總是義無反顧，也因為這樣的性格使然，她才能創作出如此扣人心弦的情愛小說。

## ❦ 遇見花花公子胡蘭成，「歲月靜好」是奢求

　　張愛玲與第一任丈夫胡蘭成的相識，是由一篇文章開始結緣的。當時，有家室的胡蘭成在《中華日報》任職，他在《天地》月刊裡讀到張愛玲的《封鎖》後，對這位女子的文才大為欣賞，風流成性、甜言蜜語的他，對張愛玲起了愛慕之意，好奇之下，想一睹對方真面目，於是主動拜訪張愛玲，兩人漸漸熟識後產生了好感，這段戀情便開始萌芽。胡蘭成年紀比張愛玲大上十五歲，博學多聞、才氣縱橫，是位極富魅力的男人，這對從小就缺乏父愛的張愛玲來說是一大誘因，可說是受「戀父情結」的影響，進而衍生出的投射之情。

　　1944 年，張愛玲與胡蘭成結婚時，沒有舉行公開儀式，兩人僅寫了婚約：「胡蘭成、張愛玲簽訂終身，結為夫婦，願使歲月靜好，現世安穩。」但婚後，胡蘭成不僅沒遵守婚約中對張愛玲許下的承諾，隔年更因漢奸的身分被迫離家逃亡，留張愛玲一人在上海獨守空閨。這段逃亡的過程中，胡蘭成不甘寂寞，先後和幾名女人

有染，眼見他在外面頻頻掀起桃色風波，自命清高的張愛玲當然無法容忍這一切。她從上海跑到浙江溫州，氣呼呼地找胡蘭成理論，胡蘭成不願低聲下氣，反倒大聲斥責要她不要管。

1947 年，心如死灰的張愛玲寫了一封分手信給胡蘭成：「我已經不喜歡你了。你是早已不喜歡我了的。這次的決心，我是經過一年半的長時間考慮的，彼唯時以小吉故，不欲增加你的困難。你不要來尋我，即或寫信來，我亦是不看的。」張愛玲對胡蘭成的愛恨交織，在信中和之後的多部作品裡，都透露出許多無可奈何。

## ✍ 因戲結緣導演桑弧，終究情深緣淺

1946 年，張愛玲處於失意低潮的階段，此時遇見了生命中第二個男人桑弧。身為導演的桑弧正在替文化部找適合的劇本拍攝電影，在文化界朋友的引薦下，他因為工作認識了張愛玲。桑弧和張愛玲的前夫胡蘭成個性大不相同，性格內向、不愛說話，張愛玲起初和他除了討論劇本外沒有任何交集，但隨著多次相處後，張愛玲發現桑弧個性沉穩內斂且細心，於是兩人開始互相產生了好感。

1947 年，兩人首次合作的電影《不了情》上映後，離婚的張愛玲和桑弧墜入了愛河，但他們的戀情始終沒有公開。桑弧的親人瞧不起張愛玲有過婚姻記錄，更在意她的前夫是漢奸胡蘭成，萬般阻撓他們交往。此外，兩人交往期間，前夫胡蘭成多次想和張愛玲復合，此事剛好被桑弧知道，他內心猜忌，以為張愛玲始終放不下與前夫的那段情，轉而認識另一位年輕的女演員且迅速成婚，此事讓張愛玲傷心欲絕。

1952 年，張愛玲離開上海這個傷心地，到香港發展事業、重啟新生活，兩人從此不再見面，形同陌路。而張愛玲的自傳小說《小團圓》中，其中的「燕山」就是在說桑弧。

## ৺ 嫁給電影劇作家賴雅，苦多樂少的姻緣

張愛玲的第三個男人是電影劇作家賴雅，他來自美國費城的德國移民家庭，家境不錯，興趣也非常廣泛，舉凡電影、小說、攝影、運動、旅行都有所涉獵，更寫過好萊塢的電影劇本。張愛玲與賴雅的相識，來自於她移民美國生活期間，儘管他的年紀比張愛玲大了二十九歲，兩人卻很有話聊，很快產生好感，彼此惺惺相惜，張愛玲也受了他的影響，之後在美國也寫過不少電影劇本。

1956 年，張愛玲三十六歲時意外懷孕，她把懷孕一事告訴賴雅，但那年賴雅已經六十五歲了，他明確表示不要孩子，因為他之前的婚姻有過小孩，且當時經濟狀況不允許他們養小孩，因此要張愛玲去墮胎。張愛玲一開始有些猶豫，但她最後還是聽從賴雅的建議墮胎，她亦同意賴雅說的，連基本養活自己都有困難的人，怎麼可以選擇生下孩子呢？

雖然張愛玲說過，即使經濟條件許可，她也不想要生孩子，但是矛盾的她又在小說《小團圓》的結尾中，刻劃了一段兒女成群、幸福美滿的內容，說到底她心裡並非完全不想生小孩的。而賴雅在婚後沒多久就中風了，成了半身不遂、行動不便的人，張愛玲有情有義、細心照顧他，直到 1967 年賴雅去世。

# 張愛玲和她的閨密

　　曾經形影不離的朋友，隨著時間的流逝，各自走向了不同的人生軌跡，有的走著走著就散了，有的則漸行漸遠不再聯繫，有的卻成為一生中不可或缺的依靠。

### ❧ 炎櫻——少女時代的閨密，見證了張愛玲第一段婚姻

　　個性樂觀開朗的炎櫻，從小在富裕的環境中長大，對身邊的人總是充滿熱情。張愛玲在十九歲那年，考進了香港大學文學系，和炎櫻成了同學，由於兩人都來自上海且熱愛文學，加上個性互補，很快就建立起好交情，成為無話不談的好朋友。她們兩人都喜歡畫畫，張愛玲有幾本書的封面和插圖，還是出自炎櫻之手設計的，她也替張愛玲拍過不少經典照片。而擅長文字的張愛玲，也曾為了炎櫻的服裝品牌寫過幾篇廣告文案，兩人一路上互相扶持。

　　張愛玲時常在自己的創作中談到炎櫻，她曾提及兩人的關係說：「這個世界上，恐怕只有炎櫻能買到讓我滿意的圍巾。」這句話不僅表示炎櫻很懂得她的喜好，也順道稱讚了炎櫻的品味與她不相上下。

　　回到上海後，炎櫻還見證了張愛玲與胡蘭成的婚禮。但後來在《一封信——炎櫻與胡蘭成的談藝錄》裡，炎櫻提起張愛玲表示：「被名作家欣賞，被當作題材是很大的榮幸，我非常感謝，可是我無論說什麼都被歪曲了，那又是一件事。」由此可知，炎櫻這番話，似乎暗示兩人的

心中從那時起已有隔閡。

之後，張愛玲在美國經歷過一段落魄時期，還是炎櫻幫助她度過難關。但兩人在張愛玲與賴雅成婚後，友情終究還是變質了。兩人漸漸失去音訊、形同陌路，炎櫻甚至還寫過幾次信給張愛玲，但都沒有得到回覆。

### ❧ 蘇青── 文壇相遇相知相惜，卻因男人決裂

蘇青和張愛玲同為上海文壇的知名作家，蘇青比張愛玲大六歲，比她早成名、成婚。因受盡婆家的折磨和婚姻的冷漠，蘇青開始寫作、發表作品轉移生活注意力。她的文筆風格犀利尖銳，充滿世俗苦悶，她透過文字抒發壓力後，最終也脫離了十年的婚姻。

1944 年，蘇青創辦《天地》雜誌，向張愛玲邀稿後，兩人相約見面，成了無話不談的知己，互相扶持、欣賞，蘇青更多次在公開場合大讚張愛玲，甚至以「仙才」來形容她。張愛玲亦在《天地》雜誌上寫過一篇名為《我看蘇青》的文章，其中提及：「把我同冰心、白薇來比較，我實在不能引以為榮，只有和蘇青相提並論，我心甘情願。」字字句句皆掩蓋不住對蘇青的賞識和認同。

但同行畢竟還是相嫉，尤其是同為女人，加上兩人都和胡蘭成扯上關係，多情的胡蘭成先後以文章對兩人的美細膩地讚賞，很難有女人抵擋得了，她們兩人甚至分別與胡蘭成秘戀，且起初都被蒙在鼓裡，東窗事發後想當然友情也淡了。後來，張愛玲去了美國，蘇青則留居上海，兩人便完全斷了聯繫。

## ଓ 鄺文美——中年至晚年最真摯的友情，用心陪伴下半生

　　鄺文美是位香港作家、翻譯家，曾以「方馨」的名字翻譯過多部文學作品。1952 年，張愛玲從上海到香港發展後，在美國駐港總領事館新聞處擔任翻譯一職，成為鄺文美的同事，兩人一起工作後很快就熟識，下班後經常到張愛玲的住處聊天，兩人相知相惜的緣分，讓她們成了無話不談的閨密。

　　當時張愛玲是文壇才女，擁有廣大熱情書迷追隨，為了讓她能專心創作，鄺文美幫忙找了隱密的居住空間，張愛玲曾心懷感激地說：「我根本不敢妄想自己還會再交到這麼好的朋友，尋遍天涯海角，也不會有這樣的朋友了，因為妳，我再也看不上其他朋友。」或許是之前的幾段閨密情，最終都令張愛玲有所失望，所以對於鄺文美的真心真意特別有感而發。即使在香港待了三年後，張愛玲遠赴美國生活，但她和鄺文美夫婦的聯繫，直至去世前都不曾中斷過。1995 年，張愛玲在美國過世後，遺囑中特別交代把自己所有的創作版權和遺產都交給鄺文美夫婦，這段無私的友情讓張愛玲感激一生，充滿溫暖。

　　在張愛玲、鄺文美及丈夫宋淇三人過世後，鄺文美夫婦的長子宋以朗曾出版《張愛玲私語錄》一書，其中公開了父母生前與張愛玲的書信往來，每一封信都徹底流露出彼此的真心關懷，而透過這些書信和文字，也能發現張愛玲的真實性格並不如一般外界對她的認識那麼「孤芳自賞」、「行止隱密」、「愛擺架子」。真正的朋友就像鏡子一樣，能把對方好的一面給反映出來，而張愛玲和鄺文美的交情就是如此難能可貴。

# 跟著張愛玲去旅行

我在上海，尋尋覓覓張愛玲的蹤跡

# 張家大宅
## —— 張愛玲出生地

　　張愛玲出生的「張家大宅」，為西式紅磚的三層式建築，是曾外祖父李鴻章贈予祖母李菊耦的豪華嫁妝。現為舉行藝文活動的「石門二路社區文化中心」，改建後特別模擬出張愛玲書房的樣貌，讓喜愛她的讀者，到此參觀時也能更貼近張愛玲的閱讀生活。2015 年 8 月，上海市人民政府公布為第五批優秀歷史建築保護單位，可見它在歷史上的重要地位。而 2019 年，該建築花了一年多的時間進行整修，直到 2021 年 3 月 28 日才正式開館。經過休館修繕後的整棟宅院，外觀變得更新穎、更別緻了，而且一開館就再次引起文化人士關注。

　　張愛玲曾被父親囚禁在「張家大宅」長達半年的時間，獨自被關在宅院內一樓幽暗的房間內，那時她只不過想出國留學、想出國找母親卻不被許可，在那段悲慘的日子裡，同住的繼母處處看她不順眼，甚至還造謠張愛玲賞她巴掌，因此被父親限制行動。張愛玲在《私語》中曾透露自己在「張家大宅」的過往，她說：「在這一剎那間，一切都變得非常明晰，百葉窗暗沉沉的餐室，飯已經開上桌了，沒有金魚的金魚缸，白瓷缸上細細描出橙紅的魚藻。我父親趿著拖鞋，啪噠啪噠衝下樓來。揪住我，拳足交加。」另外，小說《傾城之戀》中，白公館不見天日的昏暗客廳，描寫得也是「張家大宅」的客廳。

張家大宅（石門二路社區文化中心）
◈ 地址：上海市靜安區康定東路 85 號
◈ 交通資訊：地鐵 1、12 號、13 號線「漢中路站」
◈ 開放時間：週一至週日 08:30 ～ 20:30

# 常德公寓 & 千彩書坊
## —— 張愛玲故居

　　常德公寓舊名為愛丁頓公寓，1942 ～ 1948 年，張愛玲和姑姑一起住了六年之久，是她在上海住過最久的公寓，也開啟了公寓作家的生涯，創作出《沉香屑・第一爐香》、《沉香屑・第二爐香》、《金鎖記》、《傾城之戀》、《紅玫瑰與白玫瑰》、《封鎖》等多部作品。

　　當年張愛玲非常喜歡在公寓的陽台欣賞附近的日常街景，甚至靜靜地看著房子前的電車經過，她曾在《公寓生活記趣》中表示自己晚上若聽不到電車的聲音，還會睡不著覺呢！而位於常德公寓一樓的千彩書坊，則是一家結合書香的咖啡館，店內不但擺放了張愛玲的照片

© Someone's Moving Castle, Wikimedia Commons
▲ 張愛玲故居，位於上海

及著作，就連飲品也是以張愛玲的書名命名。點上一杯細細品味其氛圍，讓人彷彿穿越時空來到了張愛玲的年代。

---

**千彩書坊**
◆ **地址**：上海市靜安區常德路 195 號（常德公寓一樓）
◆ **交通資訊**：地鐵 2 號線「靜安寺站」3 號出口，走路約 5 分鐘。
◆ **營業時間**：10:00 ～ 22:00

# 美麗園
## —— 與胡蘭成初次相遇之地

美麗園建於 1930 年代，占地有一公頃之大，名稱音譯於附近的綠地「May Lee Court」，是上海著名的住宅區，以英式風格老洋房的建築聞名，舊址原為大西路 45 弄，現為延安西路 379 弄。美麗園與常德公寓，只相隔公車兩站，路過靜安寺散步即可到達，而這也是當時胡蘭成到張愛玲家的路線。

1944 年，美麗園是張愛玲和胡蘭成初次相遇之處，當時也是胡蘭成的家，他與妻妾、四個孩子都住在這裡。即使知道胡蘭成有家室，但張愛玲還是抵擋不了胡蘭成猛烈

© Antigng, Wikimedia Commons

的追求。胡蘭成離婚後，1944 年 8 月，與張愛玲在上海結婚，兩人只在「美麗園」度過新婚之夜，隔天胡蘭成就離家了，而這一夜也註定張愛玲在愛情上孤單一輩子。

美麗園
◇ 地址：上海市靜安區延安西路 379 弄 28 號
◇ 交通資訊：地鐵 2、7 號線「靜安寺站」

# 重華公寓
## —— 離婚後的住所，完成《色戒》初稿

　　重華公寓是張愛玲離婚後療傷時居住的公寓。她和姑姑從常德公寓搬走，也象徵著與胡蘭成的一刀兩斷，故意讓他寫信或親自拜訪都找不到她，斷了一切音訊，離開充滿回憶的傷心地。

　　重華公寓與原本的住所「常德公寓」距離不遠，當年張愛玲住在左側公寓房的 11 號 2 樓（現在的門牌為 9 號）。這裡除了公寓外，還有一家知名老飯店「梅龍鎮酒家」。重華公寓的環境比她原本住的公寓品質差很多，但當時因經濟方面的考量，只好搬進租金較低的公寓。而 1949 年 5 月上海大解放，當時張愛玲和姑姑就在公寓二樓的窗口，親眼看著解放軍走過南京西路，見證嶄新的上海。

　　張愛玲的小說《色戒》於 1950 年在「重華公寓」完成初稿，但之後不斷修改，竟在快三十年後，直至 1978 年才收錄於《惘然記》中。《色戒》的故事內容改編自「鄭蘋如刺殺丁默邨案」，那年的刑案現場「第一西比利亞皮草店」就在「重華公寓」樓下，因此也有人推論，張愛玲當時為了好好構思這部小說，才選擇搬到這棟公寓生活。

**重華公寓**
◆ **地址**：上海市靜安區南京西路 1081 弄 9 號

# 長江公寓
## ── 上海最後的住所，創作《半生緣》

　　1950 年 6 月，張愛玲和姑姑再次搬家，從療傷地「重華公寓」搬到黃河路上的「長江公寓」。她們居住在 301 室裡，公寓窗戶就能見到內嵌式花園，雖然從房子內看不見外面的街景，但鬧中取靜也是特點。這裡是張愛玲在上海最後居住的地方，這棟公寓興建於 1935 年，舊名為卡爾登公寓，由於位於黃河路上的十字路口轉角，加上是圓弧形的英式風格建築外觀，因此在路上遠觀就非常醒目搶眼。

　　當年長江公寓一帶是上海著名的夜生活鬧區，不但有著知名國際飯店，更充滿了各式美食餐廳，是吃貨前往上海遊玩不可錯過的絕佳地點。張愛玲曾表示「回憶起我在長江公寓的日子，是由麵包香味引起的。公寓樓下咖啡館每天早上烘焙麵包的香氣，飄進我的房間裡，驚擾我的好夢。」而讓她念念不忘的麵包是一種不用抹奶油、單吃就很美味的德國麵包。

　　張愛玲在此完成了在《亦報》連載的第一部長篇小說《十八春》，而這部小說也是後來聲名大噪的《半生緣》。1952 年的夏天，張愛玲以想重回香港繼續未完成的學業為理由，搬離了這棟公寓，離開了上海，前後在這裡住不到兩年的時間，而她這次一離開，也永遠沒再回上海居住了。

**長江公寓（卡爾登公寓）**
◈ 地址：上海市黃浦區黃河路 65 號

# 張愛玲作品賞析

跨越百年時空，與張愛玲來場對話，
走進她多彩的筆下，共譜一場華麗與蒼涼！

1939 年

# 《天才夢》

生命是一襲華美的袍，
爬滿了蚤子。

　　張愛玲的《天才夢》是她在十九歲時，於《西風》雜誌徵文比賽中所發表的一篇自傳式散文，訴說她小時候有著與一般人不同的特質，「三歲能背誦唐詩、七歲寫下第一部小說、八歲寫了《快樂村》……」，因此被認為在文學方面是位不可多得的天才，但在《天才夢》中，她把自己當成一位平凡人，描述自己有哪些不及平凡人之處，例如：連蘋果也不會削、害怕與陌生人交流，生活中許多小事她都不擅長，這類笨拙的描述，與她給人的天才形象差距很大。

　　《天才夢》的文字沒有過多修飾的華麗詞藻和敘述鋪陳，讀起來十分平易近人，與張愛玲其他充滿深刻情愛的創作不太一樣。然而，用詞雖然簡單樸實，但卻不是沒有深度，張愛玲透過不多綴飾的文字，反而更能讓讀者進入其中的奧妙和思想。以自身的經歷寫下的《天才夢》，可以看出她對生命和人生的體悟，比同齡的人早熟許多，尤其是結尾那句簡單又充滿悲悽感的句子：「生命是一襲華美的袍，爬滿了蚤子。」回顧張愛玲的一生後，再品味這句話，令人心中不免感到些許孤獨及無奈。

　　《天才夢》中，張愛玲巧妙運用的譬喻法也令人印象深刻，尤其是她藉由文字傳達出音樂的美好，把抽象的聲音化作文字，讓讀者即使沒親耳聽到音樂聲，也能透過文字產生共鳴，「我想像那八分音符有不同的個性，穿戴了鮮豔的衣帽攜手舞蹈。」這種等級的形容，彷彿已讓讀者進入了與她同一時空的音樂世界，這不就是文學天才如她，才可能達到的境界嗎？

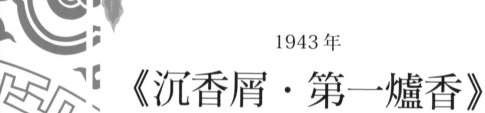

1943 年

# 《沉香屑・第一爐香》

我愛你，關你什麼事，
千怪萬怪，也怪不到你身上去。

*短篇小說*

　　1940年代，中國遭逢日軍入侵的戰亂時期，葛薇龍為了躲避戰亂的不安，與家人分隔兩地，獨自一人到香港求學，但因生活拮据，只好尋求姑媽的幫助，姑媽是有錢人的四姨太，丈夫過世後，理所當然繼承了大筆家產，享盡物質上的榮華富貴，唯獨內心依舊缺乏愛情。但姑媽已年老色衰，只好利用青春美貌的葛薇龍，作為吸引上流社會男人的誘餌，繼續滿足其虛榮心，維持荒糜虛幻的生活。

　　葛薇龍原本是一心向學、積極進取的單純女學生，但最終還是抵擋不了享樂和金錢的誘惑，開始熱衷於聲色犬馬的生活中。為了利益，姑媽把自己的富商舊情人司徒協介紹給葛薇龍，兩人發展起一段不尋常的關係。而後在一場聚會中，葛薇龍認識了富二代花花公子喬琪喬，並且真的愛上他。為了逃離姑媽的手掌心，更加深了她想嫁給喬琪喬的決心，可她終究還是淪為犧牲品，可悲地周旋於姑媽與喬琪喬之間，繼續成為被他們金錢利用的對象。

　　在《沉香屑‧第一爐香》中，張愛玲一開始就描述梁太太的房子，藉以暗示葛薇龍心境上的變化。葛薇龍對這房子初次的印象是「憑空擊出的一只金漆托盤」，而她就像是「茶托上鑲嵌的羅鈿的花」，想要離開茶托哪那麼容易，困於慾望之網中難以脫逃。小說中每個角色都是空虛的，沒有一個人是真正幸福的，即使享盡了榮華富貴，寂寞依然長駐他們的心中，看似找到了能滿足空虛內心的東西，但其實不然，而且這種寂寞不斷循環。

1943 年

## 《沉香屑・第二爐香》

一個髒的故事，
可是人總是髒的，沾著人就沾著髒。

短篇小說

　　《沉香屑‧第一爐香》講的是上海女孩被物質引誘，最終失去自我，得不到真愛的淒涼故事。而《沉香屑‧第二爐香》亦延續了類似的悲劇，說的是一名男性在婚後因「認知差距」而得到的悲慘結局。主角是香港華南大學任教的英國人羅傑‧安白登，四十歲的他終於成婚，娶了夢寐以求的理想情人愫細作為妻子，但新婚當天的洞房花燭夜，卻因愫細不懂性，直指羅傑是禽獸而倉皇逃跑，甚至跑到學校宣揚羅傑是個心理不健全的變態，此舉徹底將他清白的名聲和大好的事業前途給毀了。百口莫辯的羅傑，最後只好選擇輕生。

　　故事中的幕後黑手蜜秋兒太太，一手帶大三個小孩，家教甚嚴，從小連報紙都得經由她檢查過內容才能閱讀，對於性教育更是完全對女兒們避諱不提。因此，愫細雖然已經是二十一歲，但直至結婚前，仍是一位純潔到不可思議的女孩。愫細的大姊靡麗笙，之前的婚姻也遇到一樣的事，再次加深愫細對於性認知的錯誤及恐慌，姊夫當時也因為靡麗笙到處造謠他的人品有問題而自我了斷。在這種家庭長大的女孩，被培育成對性認知偏差的女人，婚後造成無法避免的悲劇。

　　故事中兩段婚姻的悲劇，歸咎於一名寡婦因為情慾的缺失和孤獨，性格逐漸變得扭曲。她利用女兒的單純，操控女兒的人生，把她們當成從男人身上獲取金錢的工具。而羅傑絕對不會是最後一個落得此下場的人，只要蜜秋兒活在這世界上，人性中的算計、貪婪就不會停止。

1943年

# 《茉莉香片》

相愛著的人往往愛鬧意見，
反而是漠不相干的人能夠互相容忍。

　　《茉莉香片》的主角聶傳慶性格孤僻怯懦，母親馮碧落過世後，父親再娶，他長期受到父親的虐待，與後母也有極大的隔閡。從小不曾感受到真正的家庭溫暖，因此他無時無刻想逃離這個空洞的「家」。但是身為一名男性，他卻不能以婚姻為藉口逃離家庭，對於自己註定一輩子、永永遠遠被困在這樣的環境裡，感到絕望。

　　聶傳慶在學校認識了言丹朱，她是個充滿愛、樂於助人的好女孩，在學校極受歡迎，當他知道母親當年原本可以選擇嫁給言丹朱的父親言子夜時，他開始憤世嫉俗地臆測：「如果母親當年嫁給言子夜這樣不錯的男人，他就是言子夜的兒子，或許他的人生就不會如此悲慘。」但誰又能夠預知未來呢？倘若他母親當年嫁給言子夜，真如他想像一般美好嗎？最終，聶傳慶因為對言丹朱告白被拒，內心對她出生於完整的家庭感到嫉妒和憎恨，這種意念致使他瘋狂失去理智，差點因此殺了她。

　　《茉莉香片》乍看以為是浪漫的愛情短篇小說，卻是一名男子充滿苦澀的人生故事。簡單的故事背景、人物對白與心理剖析，讓人字字句句咀嚼起來，彷彿跟著劇中主角，一起嚐盡了人生的苦澀，而這就是張愛玲擅長以物來比喻情思的經典手法。張愛玲「鏡框式」的創作結構，在小說開頭和結尾，佈局了相同的氛圍，像是安排好框框，邀請讀者們跳入框內，進入張愛玲的小說閱讀世界，不只是《茉莉香片》，在《沉香屑·第一爐香》、《傾城之戀》等短篇小說，張愛玲也都運用了這樣的安排。

1943 年

# 《傾城之戀》

**我們那時候太忙著談戀愛了，
哪裡還有功夫戀愛？**

*短篇小說*

　　《傾城之戀》的故事背景發生在香港和上海兩地，訴說著男女主角范柳原與白流蘇的愛情故事。離婚七、八年的白流蘇投靠在上海的大戶娘家，卻被家人看不起，甚至嘲笑。前夫的親戚徐太太是媒人，她請白流蘇作陪一場相親聚會，要把多金的「海歸派」男子范柳元介紹給七小姐，但初次見面時，白流蘇卻反客為主，而且成功獲得了范柳元的注意。

　　為了製造進一步的關係，白流蘇從上海隨著徐太太到香港，與范柳原再相會，一心想博取自己在范柳原心中的地位。但兩人始終沒有確認關係，一氣之下，白流蘇返回上海。過了一個秋天後，范柳原再次邀請白流蘇到香港，並替她安排起居生活，但一週後他卻去了英國，兩人分隔兩地，獨留白流蘇在香港。白流蘇終究也認了這樣的狀況，她自我安慰，至少范柳元能給她安穩的生活，沒有名分也沒關係。但萬萬沒想到一場戰爭的突然爆發，讓兩人有了正視感情的機會。因為戰爭，范柳原趕回香港找白流蘇，想要保護她；飽經驚嚇的白流蘇也卸下攻防，投奔至范柳原的懷抱，兩人互相試探已久的感情，終於真心相對，有情人終成眷屬。

　　表面上，看似香港的陷落成全了白流蘇，但她何嘗不是靠自己堅定無畏的心，換來這場愛情戰爭的勝利？倘若當初她沒有隨徐太太到香港，她的人生就不會走到圓滿的結局了。她不向命運低頭的本事，造就了那個年代的女性傳奇。白流蘇的霸氣和挑戰力，也給女性們極大的啟發，即使命運不如預期順遂，但遇到挫折仍不要放棄自主，才有可能再次綻放自我。

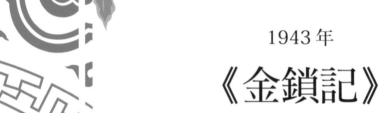

1943 年

# 《金鎖記》

三十年來她帶著黃金的枷。
她用那沉重的枷角劈殺了幾個人，沒死的也送了半條命。

　　《金鎖記》的女主角曹七巧，出生於麻油商人家庭，出生卑微的她，被大哥曹大年逼迫嫁給姜家大戶人家的殘疾二少爺。雖然攀權富貴嫁到好人家，但因曹七巧來自低下階層，姜家從上到下都瞧不起她，就連小丫環小雙都不把她看在眼裡。曹七巧原本就沒有受到很好的家教，說話沒教養、個性刁蠻，因此在姜家的地位越來越處於劣勢，但她也無力掙脫這樣的生活，最後就這樣在姜家毫無希望地度過日子。

　　曹七巧雖然嫁給姜家二少爺，但她卻偷偷愛上三少爺姜季澤，雖然有點曖昧之情，但三少爺如同姜家其他人一樣，對她冷漠，使她更覺得痛苦，找不到心靈依靠的她，加上長期生活在這樣的環境中，她的性格變得異常古怪，甚至破壞親生兒子長白的婚姻，像是報復般侮辱兒媳婦，媳婦更因此抑鬱而終。她也因為嫉妒自己的女兒長安，不讓她結婚有好歸宿，彷彿當年套住的她枷鎖，也原封不動讓女兒繼承下去，一再重蹈覆轍，堪稱家庭悲劇。

　　《金鎖記》曾被評為張愛玲短篇小說中成就最高的作品，也曾被改編為電視劇和舞台劇。主角曹七巧的設定看起來是負面的角色，但客觀說來，她或許是種真實的存在，是一種身不由己的宿命。《金鎖記》創作於1943年，而後旅居美國的張愛玲更將《金鎖記》改寫成長篇小說《怨女》，1971年還翻譯為英文小說《The Rouge of the North》（北地胭脂），顯然，她自己對這部作品也情有獨鍾。

1943 年

## 《心經》

男人對於女人的憐憫，也許是近於愛。
一個女人絕不會愛上一個她認為楚楚可憐的男人。
女人對於男人的愛，總得帶點崇拜性。

　　《心經》講述的是一段家庭畸戀，一段荒誕不經、有悖倫理的父女戀。故事中，張愛玲塑造了一個看似完美的家庭和父親，可惜事實並不如此，許小寒愛上了自己的父親許峯儀，這場父女戀造成悲慘的結局。許峯儀不到二十歲時便結婚生子，因此許小寒二十歲時，他還是個不到四十歲充滿魅力的男人，和女兒許小寒一起出去，還會被人誤會是男女朋友。二十歲的許小寒正值雙十年華，身邊有不少男性追求者，她會故意告訴父親自己有男人追，企圖想讓他吃醋，而身為父親，他也愛許小寒，無庸置疑，只是最後已分不清是哪一種愛。

　　隨著許小寒年紀漸長，她沒有名正言順的理由可以一直留在父親身邊，更不可能因為她戀父而被接受，而父親亦明白自己不能愛上自己的女兒，於是只好將這份畸形的愛，轉移到她的同學段綾卿身上，最後甚至跟段綾卿同居。如同許小寒的母親所說：「你爸爸不愛我，又不能愛你，所以他只能愛綾卿。」最終，母親為了保護許小寒送走了她，哪怕母親在這個家庭中遭受丈夫與女兒的雙重背叛，最後仍舊選擇保護女兒。

　　很多人光看篇名《心經》不知何故，但仔細消化小說內容，可以感受到其中的故事和啟發帶有救贖的思想。探究小說中主角許小寒的內心，體悟其中人性的善惡和美醜，讀此《心經》或許能渡人渡己。此外，按字面意思解釋，可將「心經」解釋為心的歷程，不只小說中的三位主角，其他人也都有自己的一本「心經」，人人心裡都有著自己的盤算和私心存在。

1943 年

# 《封鎖》

封鎖期間的一切等於沒有發生。
整個上海打了個盹，做了個不近人情的夢。

　　《封鎖》是篇充滿畫面感的小說，咀嚼其中的字字句句，宛如觀賞一部電影般，劇情緊湊有張力，講述的不僅是電車的突發狀況，更說明了人們內心長期被迫封鎖的世界。故事敘述一個男人和女人在封鎖的電車裡，兩人產生了交流，瞬間的慾望傾流而洩，寫實地反映出都會男女壓抑的複雜心理層面。車內其他乘客面對突然的「失序」也變得不知所措，但又努力想要填補突然的「空虛」，於是拿起了報紙、發票若有似無地看著。

　　男主角呂宗楨是按時上班的銀行會計，下班會順路帶包子回家給老婆吃，是一般人眼中的老實好男人。女主角公翠遠是大學英文老師，從小就是乖寶寶，兩人都是都市裡再規矩也不過的角色了，但生活枯燥無味、一成不變，他們的真實面被社會長期綁架。呂宗楨在封鎖的電車內，為了躲避太太的親戚，刻意坐到公翠遠旁邊攀談、調情，想讓親戚看見這一切，好去轉告太太，他想藉此做個失序的人，掙脫原本的形象。而公翠遠亦是如此，奉公守法的她，竟給了大罵上海文化的學生作文最高分，一反常態。

　　兩人在內心的慾望達到最高時，封鎖的電車突然解除，彷彿一切又恢復到正常的軌道，而這對男女也暫時終止了瞬間的慾望，回到原來規矩的社會角色。雖然兩人留下了聯絡電話，但呂宗楨並沒有打給她，而她也只是想著，若他來電，她一定會欣喜若狂。封鎖期間發生的事情，宛如一場夢，醒了後，就等於什麼也沒發生。張愛玲藉此安排，表現出文明社會下的人們被壓抑的真面目。

1944 年

# 《紅玫瑰與白玫瑰》

也許每一個男子全都有過這樣的兩個女人，至少兩個。
娶了紅玫瑰，久而久之，紅的變了牆上的一抹蚊子血，
白的還是『床前明月光』；
娶了白玫瑰，白的便是衣服上的一粒飯粘子，
紅的卻是心口上一顆硃砂痣。

　　小說中，佟振保愛上了如同「紅玫瑰」般美艷動人的人妻王嬌蕊，她曲線迷人性感、熱情擅於交際、個性天真活潑，隨兩人感情進展，王嬌蕊也為他傾倒，更決定追隨愛情至上，向丈夫坦承一切、攤牌離婚，但佟振保卻承受不了世俗的眼光，選擇另娶宛如「白玫瑰」般端莊純潔的孟烟鸝當老婆。

　　佟振保雖然不愛孟烟鸝，卻認為娶這樣的女人當老婆最符合中國傳統，更能完全彰顯出，他在事業和家庭方面都經營有成，是不折不扣的人生勝利組。然而，他骨子裡頭愛的其實是「紅玫瑰」，因此很快就受不了家裡的這朵「白玫瑰」，開始夜不歸巢、在外嫖妓。而孟烟鸝默默接受丈夫的一切，但因長期毫無尊嚴地生活，性格逐漸扭曲，最後這朵「白玫瑰」也漸漸轉紅，像當年的王嬌蕊一樣，開始背著丈夫搞外遇。

　　多年之後，佟振保再次遇見早已再婚的王嬌蕊，看見這位曾經耀眼動人但略顯老態的女人，而他事業處於高峰，還有了「看似」美滿的家庭，他對她酸言酸語，不過王嬌蕊絲毫沒有怒氣，反倒是佟振保百感交集、痛哭了起來……精打細算得來的愛情或婚姻，到底是輸是贏？迎合別人而放棄主宰自己人生的機會，或許，最終只能招來淒涼而非幸福。張愛玲以此故事，一針見血地反諷為了迎合社會而選擇的人生。

1954 年

《秧歌》

活著如此，死又何懼？
這就是日子。

*長篇小說*

　　小說的背景為毛澤東年代土地改革後的農村生活，中國的農民當時面對共產黨和軍方的多重壓榨，過著悲慘、彷彿看不到任何希望的生活。故事以農民金根和妻子月香為主要角色。原本在上海幫傭的月香，回到農村生活後，發現農村生活極為貧苦，驚訝不已。但他們和其他農民一樣，雖然對政府沉重的苛捐雜稅感到負擔，卻仍不得不依法行事，過著被操控的人生。

　　過年時，政府規定每戶農村都要獻上年貨向官員拜年，王同志仗勢故意刁難，金根最看不慣不公不義的事情，因而與王同志發生爭執、引起暴動。雖然知道自己這番行為肯定會成為政府的眼中釘，被貼上「反革命分子」的標籤，但他仍堅持捍衛自身利益、不願妥協，最後因害怕會連累妻子，選擇投水自盡。木訥的金根不曾對妻子告白過情意，但鐵漢柔情的他，日常生活的大大小小決定，都表達了深切的夫妻之情。月香在丈夫死後，燒掉了農村的倉庫，以激進的行動反抗政府，最後也被迫跳入火海身亡。

　　《秧歌》中，金根夫妻雖然犧牲了，但農村依舊過著飢餓不堪的生活，張愛玲的描寫反映出當時土改的問題。胡適曾在 1955 年冬天，寫了封信給張愛玲，特別稱讚此作：「此書從頭到尾寫的是飢餓，書名大可以題作『餓』，寫得真細緻，可說是寫到了『平淡而近自然』的境界。」

1954 年

# 《赤地之戀》

他擁抱著她，這時他知道，
只有兩個人在一起的時候，有一種絕對的安全感，
除此以外，在這種世界上，也根本沒有別的安全。

長篇小說

　　張愛玲繼《秧歌》後，再度以中國農村為背景創作小說，《赤地之戀》原以英文寫成，後來由她親自翻譯成中文出版，是部真人真事改編的小說作品。透過細膩的故事鋪陳、深刻又動人的描述，血淋淋的生活狀態，真實得讓人們體悟到當下的困苦和不安。故事以剛從北京大學畢業的蘇荃為主角，政府當時為了提升生活水準，動員學生參加土地改革。滿腔熱血的青年蘇荃，積極搶著加入土地改革的行列，並與同行的女子黃絹產生了相依相偎的情愫。然而，當他們實際來到西北的農村中，竟發現土地改革與他們預想的落差很大。

　　西北農村的實際狀況，上演著一幕幕凶殘的畫面，無辜的農民被槍決無法反抗、鬥爭大會上毫無是非黑白之分，連蘇荃都被迫成為農民的加害者。身處於黑白不分的世界中，即使像蘇荃這樣充滿理想的青年，終究還是敵不過恐怖主義的摧殘。現實如此殘酷，恐懼成為日常，情勢所逼別無選擇，很多時候只能以保全自己為優先，無能為力顧及別人。為了追尋愛情，蘇荃積極爭取至上海工作，以便與黃絹在同一個城市生活。

　　在那樣拙劣的環境下還能遇見愛情，或許能說蘇荃還算是擁有小幸運的男子。亂世中忠誠真摯的愛情多麼可貴，因為幸福在那樣的年代，機率是多麼渺茫！不過，現實總是殘酷，劉荃雖然如願被分配到上海工作，可是在政治鬥爭之下，他可沒那麼幸運逃過一劫，他的理想活生生被淹沒之外，被他視為最珍貴的愛情，也跟著陪葬了。

# 《雷峰塔》

國畫讓她最憎惡的一點是沒有顏色，
雪白的一片只偶爾刷過一條淡淡的銹褐色。
真有這樣的山陵溪流，她絕對不想去。
單是看，生命就像少了什麼。

自傳小說

　　張愛玲的自傳小說三部曲：《雷峰塔》、《易經》、《小團圓》，都是在她過世後才出版，透過這三部作品，她一次次深度地剖析了自己的內心世界。年幼時期對她來說，家就像是一座被囚禁的塔，她的身體和心靈，幾乎用一輩子的時間在逃離，卻又矛盾地對家的一切流連忘返、不斷追憶。透過《雷峰塔》的故事主角沈琵琶，張愛玲傳達出自己的家庭背景、成長過程，以杜撰的角色人物來取代自己的身分，企圖破解自己的心塔，娓娓道來自己的成長和心路歷程。

　　出生於上流家庭裡的沈琵琶，自幼不管是穿的、用的、吃的，都是上等的品質，卻感受不到父母親的關愛。父親的不負責任，讓年僅四歲的沈琵琶自小就帶著懷疑的眼光看這個世界。而與父親離婚的母親，更被驅逐出家門，被迫與姑姑一起出國唸書，但也因為這樣的成長背景，沈琵琶有著超齡的思想，期待自己能趕快長大，逃離這個囚禁她身心的地方。然而，成年後的沈琵琶等到的，卻並非她所預期的美好，一切事與願違。

　　《雷峰塔》是張愛玲從四歲到十八歲的成長經歷，雖然為自傳小說，但小說情節遊走於真實與虛構之間，而她也巧妙地將清末的社會氣氛、人性的種種算計，安排在故事中琵琶的大家庭裡。小說名稱《雷峰塔》有幾種說法，它象徵著當時不可抵抗和侵犯的父權、封建時代，但當這座塔崩塌了以後，難道受到拘束的人就自由了嗎？其實不然。故事中，每個人到最後都沒有真正的贏得什麼，到頭來終究都是一場空。

1963 年

# 《易經》

要確認某件事不會發生，只有一個法子，
就是有以待之，如此一來命運總會擺你一道，
讓你白忙一場。

自傳小說

　　張愛玲以英文書寫《易經》，原名為《The Book of Change》，在她過世後，才翻譯成中文，並被拆為上、下兩集出版，上集是《雷峰塔》，下集則是《易經》，她在這兩部小說中皆化身為故事中的角色「沈琵琶」。《易經》描寫她十八歲從上海家中逃出、投靠母親後又被送到香港大學讀書的過程。記載了青春年華的張愛玲，在戰亂動盪不安的年代裡，不斷尋找自我，但又被現實阻擋的歷程。

　　比起《雷峰塔》中對父親的敘述較多，張愛玲在《易經》中著重描寫母親的部分。透過更成熟的角度來看母親，以不同的視野和思考來檢視一切，她亦看清了母親的人情世故，以及作風洋派前衛的一面。也因為這些現實因素，她對母親的感情是十分疏遠的，有著許多愛恨交織的矛盾。

　　張愛玲在《易經》中，曾大肆嘲諷母親：「要孝女沒孝女，要堅貞的異國戀人沒有堅貞的異國戀人。」而母親對待她的態度，也比陌生人更加萬分防備，甚至對她斤斤計較，這些描述看似抹煞了張愛玲對母親的愛，但其實她骨子裡還是深藏著無法勇於表現的愛意。比較《雷峰塔》與《易經》，前者的故事開端是母親出國離開了女兒，但後者的結局則是女兒不顧烽火連天、拚了命也要回到母親的公寓裡，這兩部小說的開頭和結尾對比明顯，寓意深遠，也顯現了她對母親仍存有不少依戀且難以割捨的親情。

1966 年

# 《怨女》

時間將他們的關係凍成化石，
成了牆壁隔在中間，把人圈禁住了，
同時，也使人感到安全。

長篇小說

　　《怨女》中的主角公銀娣是位出生卑微的鄉下女人，大家都瞧不起她的出身，父母早逝，哥嫂忙著把她逐出戶，她無法自由戀愛，沒有權力選擇想嫁的丈夫，只能無奈地聽從哥嫂安排，嫁到不愛的富貴人家。丈夫是一位看不到的半殘盲人，公銀娣本以為出嫁後，可以享盡夫家的大富大貴，從此過著無憂的生活，卻因為卑微的家庭背景，時常得忍受妯娌們的冷嘲熱諷。在她生了兒子後，貌似在夫家擁有一席之地，卻與夫家的三弟發生曖昧之情，後來丈夫病逝，她就在紛擾之中，由純樸的鄉下女人轉變為蠻橫無理的婦人。

　　公銀娣墮落到染上鴉片毒癮，兒子成婚後，她不斷以折磨兒媳婦為樂，誇張的是，她還替已婚的兒子安排了選妾。身為一個曾經遭受家族和男人迫害的女人，公銀娣對女人的態度卻重蹈覆轍，彷彿是報復心態，而這正是當時社會的悲劇輪迴。成為加害者的公銀娣，似乎已經忘記自己之前如何遭受屈辱，可憐的兒媳婦最後因受不了婆婆的辱罵而自殺，但公銀娣仍繼續過著麻木不仁的生活。

　　《怨女》改編自《金鎖記》，原名《麻油西施》，是張愛玲晚期的小說作品，被譽為文壇最美的收穫之一，並於 1990 年改編為電影。相隔二十多年，張愛玲再次改寫自己的作品，雖然有人批判此舉是缺少創作來源的表現，但實際上卻是更加扣人心弦的詮釋。而張愛玲除了《怨女》之外，也曾將自己的《十八春》改寫為《半生緣》、《少帥》改寫為《小團圓》。

# 《半生緣》

人生最大的幸福，
是發現自己愛的人正好也愛著自己。

長篇小說

　　《半生緣》是張愛玲的第一部長篇小說，原名為《十八春》，敘述了1930年代男女主角顧曼楨、沈世鈞從相識、相戀到分離的故事，兩人再次重逢時，竟已過了漫長的十八年。小說以兩人的情感糾葛，作為主線發展情節，道盡人世的無奈。更直接點出，結局不是白頭偕老的圓滿，緣分僅僅半生而已。而只有上半生有緣相愛的主角，下半生在心中只剩苦澀又落寞的記憶。

　　顧曼楨和沈世鈞的情感受到阻撓，使他們無法再相愛的導火線，始於顧曼楨的姊姊顧曼璐。姊姊嫁給花心富商祝鴻才，她明知自己無法生育，卻為了保住有名無實的婚姻，也因深愛丈夫怕他離開，竟狠毒地和丈夫聯手陷害自己的妹妹，可憐的顧曼楨犧牲了肉體，和姊夫亂倫生下了小孩，姊妹倆共侍一夫。沈世鈞只好和自己不愛的女人石翠芝成婚，即使顧曼楨後來從姊夫家逃走，再次與昔日戀人沈世鈞相遇，卻也無法再續前緣，內心只有終生遺憾，男女主角的心境就這麼繼續寂寞著。

　　《半生緣》中每個人物，似乎都擺脫不了被大時代操控的命運，戰後一切的脫序，不只是經濟蕭條，人心也受到極大的考驗和扭曲。結尾是深刻且重要的描寫，默默卻又精準表現出時不我與的悲涼之情：「她與世鈞並肩走在馬路上，看著黃色的大月亮，從蒼茫的人海中升起，像一盞街燈，低低地懸在街頭，無言地召喚著如夢的青春。」一切就如一場夢，醒來，什麼都不存在了。

1976 年

# 《小團圓》

生命在你手裡像一條迸跳的魚，
你又想抓住它又嫌腥氣。

白傳小說

　　《小團圓》的書名讓人誤以為整個故事會有圓滿的結局，但實際上卻剛好相反，書中描繪得都是支離破碎的淒美故事。《小團圓》是張愛玲自傳三部曲的最終章，也是她濃縮一生經歷的顛峰之作，擅長以嘲諷的文筆，刻畫出她自己的內心。透過故事中的角色，探究人生的矛盾和掙扎，而這不就正是她經歷的寫照。她的寂寞和思緒都藏在每一篇、每一頁、每一句、每一字。

　　《小團圓》中的九莉，由於父親過於揮霍，導致家道中落，全家人的生活陷入困境。也許因為九莉與生俱來的記憶，或天生異常敏感的性格，她仍能記得嬰兒至童年時期的種種陰霾。在傳統家庭長大的九莉，於新舊世代交替、父母之間對立的夾縫中努力生存，不僅生活辛苦，內心的各種緊繃感也從未停歇過。對生命感觸良多的九莉，將這些心情化做文字，也因為她令人稱羨的文采，吸引了邵之雍，最終她不顧一切，與這個男人產生了感情，有了發展。

　　讀《小團圓》能了解張愛玲的一生際遇，熟知她人生經歷的人，不難將小說中的角色和她實際上遇見的人進行比對，特別是愛情和家庭的部分。或許，張愛玲將人生每個階段所遇見的人事物，都透過這本小說讓他們在紙上重逢了，早已不帶太多情感，事過境遷，一切的回憶和點點滴滴，最終都是過往雲煙罷了，團圓亦不是真的團圓，或許只是種記錄罷了。

## 1978年

# 《色戒》

那，難道她有點愛上了老易？
她不信，但是也無法斬釘截鐵地說不是，
因為沒戀愛過，不知道怎麼樣就算是愛上了。

　　《色戒》的時代背景是 1939 至 1942 年，當時正處於第二次世界大戰發生的前後，故事描述中華民國國民政府的大學話劇團年輕女演員王佳芝，她自願當誘餌使出美人計，密謀暗殺政府裡的間諜易先生。原本只是間諜之間的明爭暗鬥，但後來卻掀起了男女之間不可抵擋的情慾。小說中，王佳芝對易先生的愛情和易先生對王佳芝的狠心，完完全全反應了張愛玲與胡蘭成之間的情感糾葛，而張愛玲也再次將自己投射於小說中的角色。

　　《色戒》雖然改編自真實故事，但顛覆史料的部分究竟有哪些？例如：小說中只以「易先生」來稱呼男主角，只得其姓而不得其名，不但加強了「間諜」這個職業的神祕感，此姓氏「易」更具有多重含意，就如《易經》的「易」一樣。「易」可解釋為「改變」，意指故事是改編史料後的作品；「易」也說明了男主角的變節舉動，或暗指男主角因為相遇而改變了女主角的未來。對於小說角色名字的安排，張愛玲總是細膩琢磨，而這也是她的小說值得細細品味的原因，總能在細節中發現驚喜。

　　《色戒》曾在 2007 年被翻拍成電影，由李安執導，劇情緊湊精采，不但拿下威尼斯影展最高榮譽的金獅獎，也囊括金馬獎七大獎項。雖然電影和原著有著不同的展現和詮釋，但這部片仍受到許多張愛玲的書迷推崇，是部改編成功且享譽全球的電影。

1993 年

《對照記》

他們只靜靜地躺在我的血液裏，
等我死的時候再死一次。

　　《對照記》是張愛玲生前最後一本由她親自認證出版的作品，是部自傳式的圖文創作集，裡頭收錄了張愛玲自己挑選的老照片，照片包含沒見過面的祖父母、母親、姑姑、閨密炎櫻、自己……等，每張照片都搭配了她的文字說明，寫下了自己對他們的情感，文短情長，字字句句盡顯溫柔。本書最令人眼睛一亮的，是最後一張照片，她放了自己拿著報紙的近照，幽默地表示自己還活在人世，此舉也拉近了讀者與她之間的距離。

　　對許多人來說，張愛玲始終像是謎，但她在生前竟然留下了這本《對照記》，把她一生珍貴、私藏的照片公諸於世，還罕見地以本人的角度訴說情感與愛。或許她想分享真實的自己，也或許她想藉由這些照片，回顧她一生重視的人及珍貴的心路歷程。雖然幾十年間，她經歷過許多痛徹心扉，但她的心底仍有滿滿的愛，就如同她對母親的情感一般，在《對照記》中完全顯露了母女的互動和情感。張愛玲的媽媽是位文藝才女，會畫畫、彈琴，而且有著新時代女性西化思想，連離婚都不顧世俗眼光，在這些方面，張愛玲對母親是崇拜至極的。

　　雖然張愛玲與母親兩人的關係忽遠忽近，但她收到母親死後的遺物中，有著一張她在香港大學讀書時的照片，她在《對照記》中有感而發寫下：「大概這一張比較接近她心目中的女兒。」張愛玲的英文名字 Eileen 是母親取的，音譯成中文就是「愛玲」，她嘴巴上說不喜歡這名字，只是懶得改，但母親給的名字就如同愛一般珍貴，她心裡絕對是想留著這份愛。

## 張愛玲年表

| 年份 | 年齡 | 居住地 | 大事記 |
| --- | --- | --- | --- |
| 1920 年 | 0 歲 | 上海 | 張愛玲本名張煐，9 月 30 日出生於上海。 |
| 1922 年 | 2 歲 | 天津 | 由上海搬至天津，父親擔任津浦鐵路局英文秘書職位。 |
| 1924 年 | 4 歲 | | 爸爸送她至私塾受教育，母親與姑姑赴英國留學。 |
| 1928 年 | 8 歲 | 上海 | 父親帶張愛玲姊弟從天津搬回上海。她學習繪畫、鋼琴和英文，開始閱讀中國古典文學，例如：《西遊記》、《三國演義》等。母親和姑姑從英國回上海。 |
| 1930 年 | 10 歲 | | 母親將她改名為張愛玲。同年父母離婚，張愛玲和弟弟隨父親生活。 |
| 1931 年 | 11 歲 | | 進入上海的聖瑪利亞女校就讀。 |
| 1932 年 | 12 歲 | | 短篇小說處女作《不幸的她》，刊載於聖瑪利亞女校校刊。 |
| 1933 年 | 13 歲 | | 第一篇散文《遲暮》，在聖瑪利亞女校校刊上發表 |
| 1937 年 | 17 歲 | | 畢業於聖瑪利亞女校。與繼母發生爭執，因此被囚禁半年。 |
| 1938 年 | 18 歲 | | 在《大美晚報》以英文發表自身被囚禁和逃家的經歷。 |
| 1939 年 | 19 歲 | 香港 | 順利考上倫敦大學，但因戰爭爆發無法入學，改讀香港大學文學系，認識好友炎櫻；同年在《西風》雜誌上，發表散文《天才夢》。 |
| 1942 年 | 22 歲 | 上海 | 太平洋戰爭爆發，中斷香港大學學業，因此未能畢業。同年隨好友炎櫻返回上海，開始投入文學創作。 |
| 1943 年 | 23 歲 | | 發表小說《沉香屑‧第一爐香》，在上海文壇一炮而紅，陸續發表《沉香屑：第二爐香》、《茉莉香片》、《到底是上海人》、《心經》、《傾城之戀》、《琉璃瓦》、《金鎖記》、《公寓生活記趣》等小說及散文。 |
| 1944 年 | 24 歲 | | 因小說《封鎖》與胡蘭成相識相戀，交往六個月就閃婚；發表《紅玫瑰與白玫瑰》，在上海文壇繼續大放異彩。 |
| 1946 年 | 26 歲 | | 受邀創作電影劇本《不了情》、《太太萬歲》，結識導演桑弧。 |
| 1947 年 | 27 歲 | | 與胡蘭成的婚姻僅維持兩年便離婚。 |
| 1948 年 | 28 歲 | | 以「梁京」的筆名，在《亦報》連載長篇小說《十八春》。 |
| 1952 年 | 32 歲 | 香港 | 向香港大學申請復學，但不到一學期又休學，任職於美國駐港總領事館新聞處，擔任翻譯書籍的工作。 |

| 年份 | 年齡 | 居住地 | 大事記 |
|---|---|---|---|
| 1954 年 | 34 歲 | | 以英文撰寫長篇小說《秧歌》、《赤地之戀》，後出版中文版。 |
| 1955 年 | 35 歲 | 美國 | 搭郵輪遠赴美國，定居紐約；與炎櫻拜訪胡適。 |
| 1956 年 | 36 歲 | | 以英文創作長篇小說《粉淚》、自傳式小說《易經》大受歡迎；與美國劇作家賴雅結婚。 |
| 1959 年 | 39 歲 | | 自加州移居舊金山。 |
| 1960 年 | 40 歲 | | 取得美國公民資格，獲得永久居住權。 |
| 1961 年 | 41 歲 | | 應香港電懋影業公司的邀請，初次到台灣，為了《少帥》取材而來，這也是唯一一次到台灣的經驗。 |
| 1963 年 | 43 歲 | | 以英文撰寫自傳小說《雷峰塔》、《易經》，後出版中文版。 |
| 1966 年 | 46 歲 | | 親自把《金鎖記》改寫為長篇小說《怨女》，連載於香港的《星島晚報》。 |
| 1967 年 | 47 歲 | | 翻譯《海上花列傳》英文版。賴雅因病過世，張愛玲開始獨自一人在美國生活。 |
| 1968 年 | 48 歲 | | 重新修改《十八春》，改名為《半生緣》在台灣出版。 |
| 1969 年 | 49 歲 | | 任職加州柏克萊大學『中國研究中心』，擔任高級研究員。 |
| 1972 年 | 52 歲 | | 移居洛杉磯，晚年於寓所深居簡出。 |
| 1977 年 | 57 歲 | | 在台灣出版《紅樓夢》評論文集《紅樓夢魘》。移居美國西岸。 |
| 1978 年 | 58 歲 | | 在台灣的《中國時報》「人間副刊」發表小說《色戒》。 |
| 1983 年 | 63 歲 | | 在台灣出版《張愛玲卷》、《惘然記》。 |
| 1994 年 | 74 歲 | | 在台灣出版《對照記》。 |
| 1995 年 | 75 歲 | | 9 月 8 日，逝於美國洛杉磯的公寓裡。 |

國家圖書館出版品預行編目 (CIP) 資料

張愛玲：孤獨的人有他們自己的泥沼，
一本書讀懂文壇奇女子張愛玲 / 大風文
化編輯部作 . – 初版 . -- 新北市：大風
文創, 2022.08　面；　公分
ISBN 978-626-95315-6-1（平裝）

1.CST：張愛玲 2. CST：傳記
3. CST：作家 4.CST：文學評論

782.886　　　　　　　111002129

## 線上讀者問卷

關於這本書的任何建議或心得，
歡迎與我們分享。

https://reurl.cc/R08LR6

# 張愛玲
孤獨的人有他們自己的泥沼，一本書讀懂文壇奇女子張愛玲

作　　者／大風文創編輯部
主　　編／林巧玲
特約文字／陳旻侖
封面設計／王筱彤
內頁設計／陳琬綾
發 行 人／張英利
出 版 者／大風文創股份有限公司
電　　話／(02)2218-0701
傳　　真／(02)2218-0704
網　　址／http://windwind.com.tw
E-Mail／rphsale@gmail.com
Facebook／http://www.facebook.com/windwindinternational
地　　址／231 台灣新北市新店區中正路 499 號 4 樓

台灣地區總經銷／聯合發行股份有限公司
電　　話／(02)2917-8022
傳　　真／(02)2915-6276
地　　址／231 新北市新店區寶橋路 235 巷 6 弄 6 號 2 樓

港澳地區總經銷／豐達出版發行有限公司
電　　話／(852)2172-6513
傳　　真／(852)2172-4355
E-Mail／cary@subseasy.com.hk
地　　址／香港柴灣永泰道 70 號柴灣工業城第二期 1805 室

初版二刷／2022 年 12 月
定　　價／新台幣 180 元